AF143684

BEI GRIN MACHT SICH IHR WISSEN BEZAHLT

- Wir veröffentlichen Ihre Hausarbeit,
  Bachelor- und Masterarbeit

- Ihr eigenes eBook und Buch -
  weltweit in allen wichtigen Shops

- Verdienen Sie an jedem Verkauf

Jetzt bei www.GRIN.com hochladen
und kostenlos publizieren

Jay Hem

"Medea" von Christa Wolf und Euripides im Vergleich

GRIN Verlag

Bibliografische Information der Deutschen Nationalbibliothek:

Die Deutsche Bibliothek verzeichnet diese Publikation in der Deutschen National-
bibliografie; detaillierte bibliografische Daten sind im Internet über http://dnb.d-
nb.de/ abrufbar.

Dieses Werk sowie alle darin enthaltenen einzelnen Beiträge und Abbildungen
sind urheberrechtlich geschützt. Jede Verwertung, die nicht ausdrücklich vom
Urheberrechtsschutz zugelassen ist, bedarf der vorherigen Zustimmung des Verla-
ges. Das gilt insbesondere für Vervielfältigungen, Bearbeitungen, Übersetzungen,
Mikroverfilmungen, Auswertungen durch Datenbanken und für die Einspeicherung
und Verarbeitung in elektronische Systeme. Alle Rechte, auch die des auszugsweisen
Nachdrucks, der fotomechanischen Wiedergabe (einschließlich Mikrokopie) sowie
der Auswertung durch Datenbanken oder ähnliche Einrichtungen, vorbehalten.

Impressum:

Copyright © 2012 GRIN Verlag, Open Publishing GmbH
Druck und Bindung: Books on Demand GmbH, Norderstedt Germany
ISBN: 978-3-656-22653-6

Dieses Buch bei GRIN:

http://www.grin.com/de/e-book/196325/medea-von-christa-wolf-und-euripides-im-
vergleich

GRIN - Your knowledge has value

Der GRIN Verlag publiziert seit 1998 wissenschaftliche Arbeiten von Studenten, Hochschullehrern und anderen Akademikern als eBook und gedrucktes Buch. Die Verlagswebsite www.grin.com ist die ideale Plattform zur Veröffentlichung von Hausarbeiten, Abschlussarbeiten, wissenschaftlichen Aufsätzen, Dissertationen und Fachbüchern.

Besuchen Sie uns im Internet:

http://www.grin.com/

http://www.facebook.com/grincom

http://www.twitter.com/grin_com

Universität Göttingen

Philosophische Fakultät

Institut für Deutsche Philologie

Seminar: Medea – Mythos und Literatur

Art der Arbeit: Hausarbeit

Semester: Wintersemester 2011/2012

'Medea' von Christa Wolf und Euripides im Vergleich

Referatsausarbeitung

Fachsemester: 5

Inhaltsverzeichnis

1. Einführung in die Thematik

Zwischen den zwei verschiedenen Versionen des Medeia-Mythos, die eine von dem griechischen Dramatiker Euripides und die andere von der deutschen Schriftstellerin Christa Wolf, liegen mehrere Unterschiede vor, die sowohl auf den Zeitpunkt ihrer Entstehung, die beiden Autoren und auch auf ihren jeweiligen Entstehungshintergrund zurückzuführen sind. Das Drama des Euripides hat eine etwas kürzere Handlung und fokussierte Thematik, die sich im wesentlichen mit dem Mord Medeas an ihren gemeinsamen Kindern mit Iason (bei Wolf, Jason) und dem Mord an seiner neuen Frau Kreusa (bei Wolf, Glauke) befasst. Das Drama setzt an der Stelle ein, als Medea erfährt, dass Iason mit Kreusa verlobt und in sie verliebt ist. Ab diesem Zeitpunkt nimmt die Tragödie ihren Verlauf. Wie in den klassischen Dramen üblich gibt es keine parallel verlaufenden Handlungsstränge oder viele Personen, die an der Handlung teilhaben.

Christa Wolfs Prosaroman ist so aufgebaut, dass insgesamt sechs Personen in zehn Kapiteln in inneren Monologen, die sogenannten 'Stimmen', verschiedene Teile des Medeia-Mythos, der sich in Korinth abspielt, wiedergeben. Auch diese Handlung setzt ein, nachdem Jason und Medea in Korinth angekommen sind, dort schon einige Zeit leben, aber Jason noch nicht mit Glauke verlobt ist. In den Kapiteln von Medea und Jason werden durch Rückblicke auch noch Teile der Argonauten-Sage erzählt, die den Geschehnissen in Korinth vorausgehen und ihre Handlungen und Motive zum Teil erklären. Die einzelnen Stimmen, die zwar chronologisch angeordnet sind, aber nicht unbedingt in sich chronologisch erzählen, geben verschiedene Ereignisse wieder, die erzählen wie Medea in Korinth ankommt, herausfindet, dass der König Kreon seine Tochter Iphinoe geopfert hat um die Stadt weiter beherrschen zu können und dass Medea wegen dieser Entdeckung durch verschiedene Gerüchte und Intrigen dazu verurteilt werden kann, die Stadt verlassen zu müssen. Anschließend werden ihre Kinder von den Korinthern getötet und ihr der Mord angehängt.

Der wichtigste Unterschied zwischen den zwei Bearbeitungen ist die Figur der Medea. Wolf so wie Euripides entwerfen beide eine Version der Geschichte, in der das Patriarchat gegenüber Medea versagt. Inwiefern sich die zwei Werke unterscheiden und was die möglichen Gründe für diese Unterschiede sind, obwohl ihnen ein gemeinsamer Mythos zugrunde liegt, ist die Frage mit der sich diese Arbeit beschäftigt.

2. Formale Unterschiede

In der Form liegen große Unterschiede zwischen dem Medea-Drama von Euripides und dem Roman „Medea. Stimmen" von Christa Wolf.

Das Drama von Euripides entspricht in jeder Hinsicht den drei wichtigsten Konditionen des aristotelischen Theaters. Der Einheit der Zeit, der Handlung und des Ortes. Die Handlung findet innerhalb eines ganzen Tages oder möglicherweise sogar noch weniger statt, da es keinerlei Hinweise darauf gibt, dass eine der Personen schläft, die Sonne untergeht oder es überhaupt Unterbrechungen im Handlungsablauf gibt. Auch die Kongruenz der Handlung ist ununterbrochen. Es werden ausschließlich Medeas Erlebnisse und ihre Konversationen mit den anderen Charakteren bedient und dabei keine Unterbrechung oder ein Wechsel des Schauplatzes vorgenommen, so dass Medea immer anwesend ist und kein weiterer Handlungsstrang parallel dazu verläuft. Auch der Ort wechselt nicht zu einem anderen als Korinth, auch nicht als Medea Aegeus im Hilfe bittet, um nach ihrem Vorhaben in sein Land fliehen zu dürfen, da er zu Medea kommt, um sie anzuhören und nicht umgekehrt.

Nach diesen Normen verläuft das Werk von Euripides im Stil eines klassischen Dramas, das bis auf die Handlungszusammenfassung vor Beginn des Stücks und den Regieanweisungen am Anfang von jedem Aufzug nur aus direkt gesprochener Sprache besteht.

Der Prosaroman von Wolf ist dagegen in indirekter Sprache konstruiert. Er kommt somit dem klassischen Drama näher als ein gewöhnlicher Prosaroman der einen Erzähler hat, aber unterscheidet sich trotzdem in seiner Darstellung der Geschehnisse. Die von Wolf so benannten „Stimmen" bilden die einzelnen Kapitel des Romans und sie sind es die in Monologen, persönlichen Berichten und dem indirekten Wiedergeben von Dialogen die Ereignisse und die Geschichte erzählen und kommentieren.

Durch die rein subjektiven Erzählperspektiven entsteht ein Roman, der keinen kontinuierlichen Plot hat, sondern mehrere Versionen der Ereignisse, die sich ergänzen aber nicht immer das gleiche Geschehen beschreiben. Der Leser muss sich aus den Erzählungen der „Stimmen" den gesamten Handlungsverlauf selbst zusammensetzen.

Wolf stellt dabei aber nicht die Zuverlässigkeit der Personen in den Vordergrund sondern ihre Einstellungen und Charakterzüge, die ihre Sicht auf die Ereignisse prägen. Auch werden Vergangenheit und Gegenwart oft in ein und demselben Kapitel erzählt, so dass man die Zusammenhänge beim Lesen eher versteht, wenn man den Plot von dem Medea-Mythos bereits kennt.

Die Ereignisse die in „Medea. Stimmen" erzählt werden, ziehen sich über mehrere Monate, möglicherweise sogar Jahre hinweg, auch wenn alles was in Korinth selbst passiert und damit keine länger zurückreichende Rückblende ist, vermutlich innerhalb weniger Wochen stattfindet.

Auch sind in Wolfs Prosaroman wesentlich mehr Charaktere erwähnt, Teil der Handlung und des Erzählens.

Während bei Euripides neben Medea, Jason, Kreon und dem Chor selten jemand einen längeren Sprechanteil hat, sind es bei Wolf insgesamt sechs „Stimmen", die alle nicht nur Beobachter und Ratgeber sind, sondern eine Rolle in Medeas Geschichte einnehmen.

Während in Christa Wolfs Roman keinerlei Erzähler oder eine extradiegetische Partei zu Wort kommt, übernimmt der Chor der korinthischen Frauen bei Euripides eine erzählende wie auch urteilende Funktion. Der Chor urteilt allerdings nicht rein objektiv, sondern stellt sich mal auf die Seite von Medea und ihrem Schicksal und verurteilt sie aber auch für ihren Mord und ihre Rachepläne. Die Tatsache, dass sie Korintherinnen sind, ist für ihre Position, ganz im Gegensatz zu den korinthischen Frauen bei Wolf, nicht von Bedeutung. Es ist viel eher ihre Stellung als Frauen, die sie bis zu einem bestimmten Grad Verständnis oder eben auch Unverständnis für Medea aufbringen lassen.

3. Inhaltliche Unterschiede

3.1 Die Figur der Medea

Medea wird bei Euripides und Wolf auf jeweils recht unterschiedliche Weise dargestellt, obwohl ihre Fähigkeiten und Taten, dank des ähnlichen Verlaufs der Geschichte, größere Gemeinsamkeiten haben. Die Unterschiede finden sich hauptsächlich in Motiven und den Charakterzügen ihrer Taten. Hinzukommt, dass Medea in „Medea. Stimmen" auch Opfer von Gerüchten und erfundenen Geschichten wird, die ihren Ruf schädigen sollen. Im Drama des Euripides dagegen, gibt es nicht die Möglichkeit Gerüchte oder Gespräche außerhalb der Figur von Medea darzustellen, da diese immer Zentrum des Dramas ist und die anderen vorhandenen Charaktere nicht auf der Bühne untereinander interagieren, sondern lediglich mit ihr.

Einer der wesentlichsten Unterschiede zwischen den verschiedenen Versionen der Medea-Figur ist das Motiv des Kindermords. Während sie bei Euripides ihre Kinder tatsächlich eigenhändig umbringt (Planung des Mordes und seine Durchführung befinden sich zwischen den Versen 1062 – 1250)[1], ist in dem Roman von Wolf der Tot der Kinder nicht Medeas Handlung „Tot. Sie haben sie (Medeas Kinder) [anm. des Verf.] ermordet. Gesteinigt [...]"[2] sondern die der Korinther.

Diese zwei verschiedenen Darstellungen des Mythos sind zwei verschiedene Formen der Interpretation, die auf den Charakter von Medea zurückführen.

---

1 Euripides: Medea, hrsg. Karl Heinz Eller, Reclam, Stuttgart 1983, S. 85ff.
2 Wolf, Christa: Medea. Stimmen, Suhrkamp 2008, S. 175

Wolf sagt in einem Interview sie habe ihren Roman auf Quellen aufgebaut, die noch vor der literarischen Schöpfung des Euripides liegen „in denen Medea nicht die Kindsmörderin, sondern zuallererst die Göttin […] ist […]."[3]. Außerdem sagt sie: „Die Kindsmörderin wird Medea erst bei Euripides".[4] Durch die Kombination dieser Aussagen legt sie Euripides eine eigene Interpretation nahe, bei der der Mord an den eigenen Kindern nicht unbedingt Teil des Mythos ist. Einige Überlieferungen (Scholion zu Medea 9) gehen so weit, dass sie Euripides vorwerfen er hätte gegen Geld von den Korinthern den Kindermord zur Geschichte dazu erfunden.[5] Diese These wird von der Forschung aber eher für unwahrscheinlich gehalten.[6] Da der Kindermord auch eines der zentralen Motive der beiden Bearbeitungen der Medea-Sage von Euripides und Wolf ist und er außerdem das wichtige Aufbegehren der Frau gegen das Patriarchat in vielen weiteren Interpretationen ist, sollte er in diesem Vergleich nicht als bloße Erfindung angesehen werden. Des Weiteren ist es wichtig zu beachten, dass sämtliche Aussagen und Definitionen, die über den Medea-Mythos getroffen werden Spekulationen sind. Auch wenn die Bearbeitung von Euripides die älteste ist, gibt es dennoch Versionen des Mythos, in denen Medea den Kindermord nicht begeht. Da diese allerdings noch älter sind als das Euripides-Drama selbst, ist auch hier keine hundert prozentige Zuverlässigkeit gegeben. Eine Möglichkeit den Kindermord durch Medea als Erfindung der Korinther darzustellen, ist einer der wichtigsten Punkte des Textes in Christa Wolfs „Medea. Stimmen".

„Was reden sie. Ich, Medea, hätte meine Kinder umgebracht. Ich, Medea, hätte mich an dem ungetreuen Jason rächen wollen. Wer soll das glauben, fragte ich. […] Sie sorgen dafür, daß auch die späteren mich Kindsmörderin nennen sollen."[7]. Dies ist ein Teil des Dialogs, den Medea mit Arinna führt, nachdem sie aus Korinth verbannt worden ist und ihre Kinder zurücklassen musste. Diese werden nach ihrer Flucht im Tempel der Hera von den Korinthern getötet.

Diese Konstruktion erlaubt es Wolf eine fiktive 'Remythisierung' innerhalb des Romans durchzuführen, die Medea von der Schuld des Kindermords befreit, der sie bei Euripides erliegt. Der Mythos auf dem das Drama des Euripides aufbaut ist, wird innerhalb des Textes von Wolf von der literarischen, schriftlichen Version des Dramatikers, welche in der Geschichte der Medea-Rezeption oft als Faktum benutzt wurde, wieder zur mündlichen Überlieferung gemacht.

---

3   Wolf, Christa: Medea. Stimmen, Suhrkamp 2008, S. 192
4   Ebd.
5   Otten, Georg: Die Medea des Euripides, Frank & Timme Verlag, Berlin 2005, S. 348
6   Ebd.
7   Ebd. S. 175f.

Wolf baut somit einen direkten Kontrast und Gegenentwurf zu Euripides Drama auf, das davon ausgeht, dass Medea ihre Kinder aus Rache an Jason tötet, der anstatt mit ihr weiterhin zusammen zu sein, sich für Glauke, die Tochter des Königs Kreon, entscheidet (Zeile 17ff.).[8] Ihr Motiv ist demnach Eifersucht und ihre Tat ist wirklich und nicht ein Gerücht oder auch eine erfundene Anschuldigung wie in Wolfs Version des Medea-Mythos. Der Kindermord geschieht allerdings im Drama nicht auf der Bühne sondern wird durch Stimmen hinter der Bühne simuliert (Z. 1272 – 1292).[9] Medea hat als Frau, noch dazu als eingewanderte Frau kaum eine Möglichkeit sich an Jason zu rächen. Da er sich in die Familie des Königs einheiratet, ist eine rechtliche Regelung der Kinderfrage im vorchristlichen Korinth sehr unwahrscheinlich. Des weiteren existiert keine Bindung zwischen Jason und Medea, die es ihr ermöglicht irgendwie Druck auf Jason auszuüben. Wenn man die Rache von Medea also als unbedingte psychologische Konsequenz der Handlung sieht und nicht nur als notwendig für den Spannungsbogen oder das Drama selbst, bleibt Medea keine Möglichkeit außer ihr einziges Druckmittel auszuspielen um Jason zu bestrafen. Die Diskussion in der Forschungsliteratur ob der Kindermord aus Not oder nur aus Rache durchgeführt wird, spielt in diesem Punkt keine Rolle, wenn man die Rache als notwendig ansieht und damit die Tat von Medea als unterdrückte Frau im Kontext des Textes rechtfertigt. Die Not, die ihre Tat motivieren könnte, liegt lediglich darin, dass ihre Kinder, wenn sie sie in Korinth zurücklässt, von den Korinthern umgebracht werden würden.

Euripides wurde aufgrund dieser Darstellung von der Figur der Medea öfter als frauenfeindlich bezeichnet, da die Medea, die in den vorausgehenden Geschichten der griechischen Mythologie, der Argonauten-Sage, in denen sie in Kolchis lebt, Jason begegnet und ihn auf seiner Flucht begleitet nicht unbedingt durch größere Gewalttaten auffällt. Sie verübt die Morde an ihrem Bruder und Pelias zwar, aber diese Morde stehen nicht unter dem selben Motiv oder grenzen an die selbe Grausamkeit des Verbrechens in Korinth. Euripides wird demnach vorgeworfen die anderen Eigenschaften von Medea, wie ihre Tätigkeit als Heilerin und 'Zauberin', zu vernachlässigen und sie über ihren Mord zu definieren. Dabei stellt Euripides eher die einzige Handlungsmöglichkeit einer wütenden Frau in einem Patriarchat heraus, was eine tiefere psychologische Analyse ist, als man im vordergründigen Lesen vermutet. Auch wenn Jason derjenige ist, der am Ende unter der Wut und dem Unverständnis der Frau leiden muss, ist sein Handeln die Ursache seiner Probleme und er trägt die primäre Schuld am Scheitern der Bindung zwischen ihm und Medea indem, er sie

---

8 Euripides: Medea, hrsg. Karl Heinz Eller, Reclam, Stuttgart 1983, S. 11
9 Ebd. S. 99f.

emotional betrügt.

Der Wagen des Helios am Ende des Stücks stellt Medea als eine Art gerechtfertigte Heldin dar. Wenn ihre Tat von Euripides negativ bewertet worden wäre, würde sie wahrscheinlich der Tragödie in Form der Verbannung, des Todes oder etwas ähnlichem zum Opfer gefallen. Auch wenn sie die Enkelin des Sonnengottes ist, bekommt sie dennoch keine Strafe für ihre Tat, sondern lebt in ihrer göttlichen Abstammung weiter.

Bei Wolf nimmt die Figur von Medea eine völlig andere Position ein.

Auch wenn ihre Handlungen immer nur durch ihre eigene Erzählung oder durch die Rückblicke der anderen erwähnt werden, unterscheiden sich diese dennoch von denen der Medea des Euripides. Während Wolf an Euripides kritisierte, dass dieser den Aspekt der Heilerin als Medeas Beruf vernachlässigt, stellt sie diesen dafür umso mehr in den Vordergrund. Zu verschiedenen Gelegenheiten werden primär von ihr aber auch von den anderen „Stimmen" im Roman immer wieder Besuche bei den verschiedenen Bewohnern Korinths erwähnt. Diese betreffen sowohl den Adel als auch die anderen Bürger.

Ihre vorrangige Arbeit ist anscheinend die Heilung von Verspannungen und Unannehmlichkeiten sämtlicher, körperlicher Art durch Massage,verschiedene Kräuter und pflanzliche Medizin. Sie spricht an einer Stelle von verhärteten Schultern und Charakterzügen, die zu diesen führen, als die Symptome, die sie vorher bei den Korinthern bemerkt auch bei Jason auftreten: „Und wie weh wurde mir, als sich auch seine Schultern, wie die der anderen Männer von Korinth, allmählich verhärteten. Wie er aufhörte darunter zu leiden.".[10]

Ihre Arbeit entspricht in dieser Hinsicht fast in allen Zügen denen einer Heilpraktikerin. Ein weiterer wichtiger Charakterzug, der Medea von den anderen Bewohnern Korinths und der Medea des Euripides unterscheidet, ist ihr psychologisches Verständnis. Glauke sagt an einer Stelle: „Ich weiß es nicht, ich weiß es wirklich nicht, wie sie mich dazu gebracht hat, zu reden, ich meine über das zu reden, was ich vergessen hatte [...]".[11] Einen weiteren Hinweis auf Sprechtherapie zur Heilung der Epilepsie von Glauke gibt sie selbst etwas später: „[...] ich muß ihr wieder einmal mein Herz geöffnet haben, sie brachte es fertig, mich wieder in jene Tiefe zu führen, wo die Bilder der Vergangenheit ruhen [...]".[12]

Demnach wäre Medea also nicht nur eine Heilpraktikerin, die versucht die Leiden der Korinther mit Hilfe von pflanzlichen Mitteln zu heilen, sondern auch eine Psychiaterin. Diese

---

10 Wolf, Christa: Medea. Stimmen, Suhrkamp 2008, S. 86
11 Ebd. S. 112
12 Wolf, Christa: Medea. Stimmen, Suhrkamp 2008, S. 112

zwei Aufgaben sind für die zeitliche Umgebung in der sich Medea befindet eher selten und stehen ganz im Kontrast der auf ihre Verzweiflung, ihre Familie und ihren Racheplan reduzierten Medea des Euripides. Selbst wenn man ausblendet, dass in einem klassischen Theaterstück im alten Griechenland im fünften Jahrhundert vor Christus eine tiefenpsychologische Analyse und komplexe Charaktere aufgrund der Beschaffenheit von Dramen und ihrer Rezeption nicht einfach umsetzbar und dafür sehr selten waren, weisen die zwei Versionen der Medea-Figur große Unterschiede auf.

Wolfs Medea ist weiterhin in der Lage die Korinther als Volk einzuschätzen und psychologisch zu begutachten. „Die hier, Absyrtos, sind Meister im Lügen, auch im Sich-selbst-Belügen. Von Anfang an habe ich mich gewundert über die Verhärtung an ihren Körpern. Daß ich nichts spüre, wenn ich meine Hand auf ihren Nacken, ihren Arm [...] legte, kein Fließen, Strömen. Nichts als Härte".[13]

Ein weiterer wichtiger Unterschied in der Konstruktion der Medea ist ihr Verhalten, wenn Jason mit Glauke ein Paar wird und sich die Problematik der Verhetzung gegen Medea anbahnt. Während die Medea des Euripides mit Rache reagiert, was eine ihrer wesentlichen Handlungen ist, die sie charakterisiert und auch für die zeitgenössische Rezeption und Bedeutung des Stücks entscheidend ist, reagiert die Protagonistin in „Medea. Stimmen" anders. Im Gespräch mit Leukon äußert sie an verschiedenen Stellen, ihre möglichen Gründe wieso sie sich nicht wehrt oder rächt und zieht ihre Konsequenz Korinth nicht zu verlassen. Sie betont mehrfach, wie in der folgenden Textstelle, ihren Glauben daran, dass keine Gefahr für sie besteht: „[...] eben weil ihr schon soviel geschehen sei, dürfe sie jetzt vielleicht damit rechnen, in Ruhe gelassen zu werden.".[14] Diese Schlussfolgerung besagt, dass Medea von Seiten der Korinther bereits so viele Ungerechtigkeiten erfahren musste, dass nun keine weiteren mehr folgen müssten. Sie ist in ihrer Aussage über Medea deckungsgleich mit einer weiteren etwas später im Text, als sie von den Gefühlen während ihrer Verfolgung durch Korinth berichtet: „[...] aber ein Teil in mir blieb totenruhig und kalt, weil etwas geschah, was geschehen mußte. Es hätte schlimmer kommen können [...].".[15] oder von ihrer Ratlosigkeit, warum sie Korinth nicht verlässt, als Arinna sie danach fragt: „Ich konnte es ihr nicht erklären",[16] Aus diesen Aussagen könnte man die Resignation Medeas gegenüber den Umständen in Korinth und seinen Bewohnern schließen. Allerdings bleibt dann die Frage offen, wieso sie sich nicht außer Gefahr begibt. Später wird deutlich, dass sie es vermutlich

---

13 Ebd. S. 85
14 Ebd. S. 126f.
15 Ebd. S. 132
16 Ebd. S. 150

nicht macht um ihre Kinder nicht in Gefahr zu bringen, aber wie auch die Medea-Figur bei
Euripides kommt sie nicht auf die Idee mit ihnen gemeinsam aus der Stadt zu fliehen bevor
sie verurteilt wird. Ein anderes Zitat lässt noch eine weiteren Charakterzug von Wolfs Medea
als möglich erscheinen. Am Morgen des Opferfestes in Korinth an dem sie als eine Frau aus
Kolchis nicht zwangsläufig teilnehmen muss oder sogar darf, was nicht genauer festgelegt
wird im Roman, äußert sie folgenden Gedanken, der rückblickend erklärt warum sie an dem
Tag zum Opferfest geht: „Ich weiß nicht, eher etwas wie Zuversicht, die ich an jenem Morgen
verspürte. Kraft zu Versöhnung. Eine ausgestreckte Hand, dachte ich, warum sollten sie sie
verschmähen."[17] Es ist möglich, dass sie von den Vorhaben, dem Komplott gegen sie und den
Plänen von Akamas und Agameda nichts weiß, aber trotzdem ist sie zu diesem Zeitpunkt
bereits durch die Stadt gejagt worden[18] und ist sich der Unbeliebtheit ihrer Person bei einigen
anderen Korinthern bewusst. Man kann Medea in diesem Zitat eine Form von Naivität
nachweisen, da sie über die Zustände zwar Bescheid weiß, aber glaubt sie würden sich ohne
Beihilfe zu ihren Gunsten verändern. Sie versucht sich nicht zu wehren, schon gar nicht
gewalttätig, ganz im Gegensatz zu Euripides Medea.

Dennoch ist die Medea von Wolf Teil eines feministischen Ansatzes, der anders funktioniert
als der direkte und brutale von Euripdes. An ihrem Beispiel wird die patriarchalische
Herrschaft deutlich, die eine Frau als Sündenbock sucht um sich selbst zu stärken und die
starke und selbstbewusste Frau, die Medea in „Medea. Stimmen" trotz ihrer
Handlungsunfähigkeit ist, zu unterdrücken. Christa Wolf beschreibt das in einem Interview
so: „Immer dann, werden sie bei mir eine Frau im Zentrum eines Prosatextes finden, wenn die
Konflikte, die ich bearbeite, sich an Frauen am schärfsten zeigen."[19], weiterhin sagt sie:
„Immer schon vorhanden ist die Ausgrenzung des angstmachenden weiblichen Elements. Das
sieht sich vom Beginn des Patriarchats durch die Geschichte."[20]Wolf erklärt außerdem, dass
Medea, die in ihren Augen das Matriarchat repräsentiert, in ihrer Person selbst schon gegen
das Patriarchat aufbegehrt, indem sie von den Herrschenden zum Sündenbock und schließlich
verbannt wird.

Dadurch dass der Leser die Meinungen und die Pläne aller Figuren kennt, wird deutlich, dass
Medea, noch klarer als bei Euripides, Opfer der Umstände und der Machenschaften der
anderen Figuren wird. Ihre Hilflosigkeit offenbart am Ende, als die Lügen auch für sie
offensichtlich werden, die frauenfeindliche und kriminelle Wirkungsweise des Patriarchats.

---

17 Ebd. S. 139
18 Vgl. 132
19 Wolf, Christa: Medea. Stimmen, Suhrkamp 2008, S. 189
20 Ebd. S. 190

9

3.2 Andere inhaltliche und thematische Unterschiede

Da sich Christa Wolfs Roman sehr mit dem Innenleben der Personen beschäftigt, kommen verschiedene Charakterzüge der Protagonisten deutlich hervor, die eine Rollenverteilung innerhalb der Gesellschaftsstruktur von Korinth vermuten lassen. Diese durch das Geschlecht bedingten Rollenverteilungen sind eine weitere wichtige Thematik bei Wolf.

Auf Seiten der Männer stehen Jason, Akamas und Kreon als Vertreter des Patriarchats. Auch wenn Jason bei der Ankunft in Korinth und am Anfang sich noch klar auf die Seite von Medea stellt, wie beide Stimmen im Roman öfter betonen, beginnt seine erste Stimme, in der Gegenwart in der er sich in dem Moment befindet, mit den Worten: „Das Weib wird mir zum Verhängnis. Als ob ich es nicht geahnt hätte".[21] Im Laufe des Romans nähert er sich dem Königshaus an, in dem er Nachfolger des Königs Kreon werden soll und dafür Medea verlassen muss um die Tochter des Königs zu heiraten. Er wird Teil des Frauen unterdrückenden Adels. Er denkt in diese Richtung so nicht nur über die schwächere Glauke, als diese bei der Entscheidung über Medeas Kinder spricht: „[...] aber daß sie überhaupt sprach in dieser Männerversammlung, war unerhört" sondern äußert am Ende seiner Metamorphose zum Vertreter des Patriarchats die Worte: „Wir sollen die Weiber nehmen. Wir sollen ihren Widerstand brechen".[22] Es ist anzunehmen, dass diesen Worten eine Art gewalttätiger Sexualakt gegen Medeas Willen vorausgeht.

Akamas ist ähnlich einzuordnen, obwohl sein Wille nach Macht und seine Angst davor diese zu verlieren, ihn vermutlich eher antreibt, als seine grundsätzliche Abneigung gegenüber Frauen. Er formuliert diese etwas unterschwelliger: „Sie war, wie soll ich das ausdrücken, zu sehr Weib, das färbte auch ihr Denken.".[23]

Kreon ist als Oberhaupt dagegen um einiges direkter in dieser Hinsicht. Er sagt einmal über Medea: „Die Frau sei zu schlau [...] und zu vorlaut.".[24] Zu der Problematik seine Tochter als seine Nachfolgerin zu sehen, meint er: „Nicht, daß er etwas gegen Frauen habe, [...] wer die Zeichen der Zeit zu lesen wisse, der sehe doch, daß sich unter Kämpfen und Greuel rundum Staaten bildeten, denen ein auf alte Weise frauengelenktes Korinth einfach nicht gewachsen wäre"[25], was ein Eingeständnis in seine niedere Meinung von Frauen ist.

Die Frauen bei Wolf werden dagegen unterdrückt, wie am Beispiel der Medea bereits belegt wurde. Auch Glauke leidet daran, dass sie von ihrem Vater bestimmt wird und er ihr

21 Ebd. S. 35
22 Ebd. S. 165
23 Ebd. S. 93
24 Wolf, Christa: Medea. Stimmen, Suhrkamp 2008, S. 93
25 Ebd. S. 96

schließlich auch den Kontakt zu Medea verbietet und ihr stattdessen einen Mann als Heiler zur Seite stellt, der ihr aber nicht helfen kann. Die Frau des Königs, Merope, lebt, seitdem ihre Tochter Iphinoe geopfert wurde, allein in einem anderen Teil des Schlosses und wird nur sehr selten gesehen oder angesprochen. Im ganzen Roman erzählt keine Stimme von einem längeren Kontakt mit ihr.

Leukon, der mit Medea befreundet ist, bildet eine männliche Ausnahme. Er ist intelligent aber zurückhaltend und hat keinerlei Vorurteile gegenüber Frauen oder eine Meinung zu einer Person, die sich nur über ihr Geschlecht definiert.

Agameda ist der Gegenentwurf zu den Unterdrückten Frauen in Korinth. Sie schafft es mit Hilfe von verschiedenen Gesprächen und Intrigen Medea schließlich aus Korinth zu verbannen, damit sie selbst einen hohen Platz in der Hierarchie der Herrschaft in Korinth einnehmen kann. Außerdem wird sie von einem starken Bedürfnis der Rache gegen Medea getrieben, da diese sie in ihrer Ausbildung, trotz der Freundschaft ihrer verstorbenen Mutter mit Medea, nicht bevorzugt wird. Auch sie treibt ein Bedürfnis nach Macht an, wie man es im Roman sonst nur bei den männlichen Charakteren findet. Die Stellen im Text: „Ich will nicht niemand sein"[26] und „Auch ich will in Schicksale eingreifen [...]"[27] belegen diesen Charakterzug von ihr. Wolf erschafft also nicht nur einseitige Charaktere, die sich leicht zuordnen lassen.

Hinzukommt ein weiteres Thema, mit dem sich Wolf auseinandersetzt, dass bei Euripides nicht auftaucht. Da in mehreren Rückblicken auch die Argonautensage zu Teilen erzählt wird, kommt ein Vergleich zwischen Kolchis und Korinth zustande, der das Thema des Kommunismus und des Kapitalismus aufgreift. Während Kolchis an einer Stelle in einem Rückblick Züge der kommunistischen Ideale trägt: „[...] unser Land, [...] bewohnt von Menschen, die in Eintracht miteinander lebten und unter denen der Besitz so gleichmäßig verteilt war, daß keiner den anderen beneidete"[28] wird der Besitz von Medea in Korinth klar als sehr wichtiges Attribut definiert: „Korinth ist besessen von der Gier nach Gold. [...] Man mißt den Wert eines Bürgers von Korinth nach der Menge des Goldes, die er besitzt".[29]

In der Literaturwissenschaft ist diese Aufteilung nicht unumstritten. Mehrere Forscher sprechen hier von der Aufteilung in DDR und BRD, bei der die DDR bei Wolf durch Kolchis repräsentiert wird und ihr somit Vorzüge einräumt, die Korinth nicht hat, da es in Teilen dem Kapitalismus zugehörig ist. Wolf ist bekannt dafür, dass sie die DDR, in der sie lebte, immer

---

26 Ebd. S. 62
27 Ebd. S. 63
28 Ebd. S. 76
29 Ebd. S. 33

verteidigt und den Sozialismus befürwortet hat. Daher ist die vorausgehende Annahme durchaus berechtigt. Die Problematik der Aufteilung von Gütern und der Vergleich der beiden Länder ist aber im Laufe des Prosaromans eher zweitrangig hinter der Geschlechterthematik, auch weil Medea von ähnlichen Problemen, wie sie sich in Korinth aufgrund der dominanten Männer abspielen, auch aus Kolchis berichtet.

4. Ergebnisse des Vergleichs

Die Gründe die diese Unterschiede in Ablauf, Thematik und Konstruktion der beiden Werke herbeiführen, lassen sich in den Grundzügen durch die Entstehungszeit und die literarische Grundlage erklären. Logisch erscheint dabei, dass es in der Form und den Charakteren so starke Unterschiede gibt, da zwischen den zwei Werken eine Zeitspanne von knapp 2500 Jahren liegt und sich die literarische Umgebung stark verändert hat.

Interessanter sind dagegen die inhaltlichen Unterschiede der Geschichten, die, obwohl sie beide den selben Mythos als Grundlage haben, eine sehr unterschiedliche Version des Grundgerüsts vorstellen. Der Entstehungshintergrund durch die Autoren legt nahe, dass beide verschiedene Intentionen verfolgt haben. Während Euripides, wenn auch auf umstrittene Weise, die Macht der Frau im alten, stark patriarchalischen Griechenland aufzeigt, geht Wolf anders vor. Bei ihr spielt körperliche Gewalt keine besonders große Rolle. Durch ihre „Stimmen"-Konstruktion liegt der Fokus eher auf einer Psychologisierung des Mythos, der sich in politischen Verhältnissen abspielt und sich auch so lesen und verstehen lässt. Es gibt nicht unbedingte klar definierte Seiten, da Verrat, auch unter den Korinthern, eine große Rolle spielt. Ihre Medea begehrt ebenfalls gegen das Patriarchat der Korinther auf, aber nicht indem sie sich aktiv dagegen wehrt. Ihr Widerstand liegt in ihrer Anwesenheit in Korinth, welches Frauen offensichtlich eher schwach und unterdrückt hält. Sie ist eine starke, selbstbewusste Frau, die auf ihrem Feld bewandert und professionell ist. Auch wenn sie möglicherweise die Gefahr verkennt, die von ihrem Handeln und ihrer Präsenz ausgeht, ist sie trotzdem eine Art moderne Frau in einem veralteten Staat, den sie durch ihre Passivität verändert. Ihre Gutmütigkeit als sie den jungen Presbon, den die anderen Kolcherinnen vorher verstümmeln, versorgt und ihm das Leben rettet, ist der Höhepunkt dieser Konstellation.

Auch sie hat zu diesem Zeitpunkt, nach dem Opferfest und ihrer Verfolgung, erkannt, dass sie nicht mehr willkommen ist in Korinth und dort in Lebensgefahr schwebt. Trotzdem heilt sie einen ihrer Widersacher, der an ihrer problematischen Lage Schuld hat, vergibt somit ihren Feinden und handelt in einer Art humanistischem Martyrium.

Wolf und Euripides stellen beide Medea weniger als eine Barbarin dar, als dass sie bei beiden eine weibliche Heldin ist, die durch ihre Umstände in eine Lage ohne Ausweichmöglichkeit gerät. Der Betrug des Jason spielt dabei eine wichtige Rolle, da dieser bei Euripides die Handlung und die Dramatik auslöst und bei Wolf Medea dadurch ihre Lage erkennen lässt. In diesem Moment verlässt sie ein Großteil ihrer Hoffnung und sie erkennt die Problematik, die in Korinth zwischen Männern und Frauen offensichtlich herrscht. Die Politisierung des Mythos ist ein weiterer Faktor, der bei Wolf das Geschehen beeinflusst. Die Suche nach einem Sündenbock und die Problematik der Einwanderer, die von den Korinthern nicht vollständig akzeptiert werden, ist ein Thema, dass sich auch auf die Abwertung der Ostdeutschen nach der Wende in Westdeutschland übertragen lässt. Allerdings ist dieser Vergleich nicht zwangsläufig Thema bei Wolf, die sich auch in anderen Werken mit der Ausgrenzung von Minderheiten beschäftigt und für die dieses Thema eher ein menschliches Problem als ein deutsches ist.

Literaturverzeichnis

- Atwood, Margaret: Zu Christa Wolfs 'Medea', in Hochgeschurz (Hg. 2000), S 69-74
- Euripides: Medea, hrsg. Karl Heinz Eller, Reclam, Stuttgart, 1983
- Hochgeschurz, Marianne (Hg.): Medea. Voraussetzungen zu einem Text, München 2000
- Otten, Georg: Die Medea des Euripides, Frank & Timme Verlag, Berlin 2005
- Wolf, Christa: Medea. Stimmen, Suhrkamp, Frankfurt Am Main 2008